Made in the USA
Monee, IL
17 September 2022

14153216R00063